Amani Mupenda Mubigalo

Un saint emprisonné

AF293866

Amani Mupenda Mubigalo

Un saint emprisonné

Mgr Emmanuel Kataliko, le Martyr de la résistance à l'occupation de l'Est de la RDC

Éditions Croix du Salut

Imprint
Any brand names and product names mentioned in this book are subject to trademark, brand or patent protection and are trademarks or registered trademarks of their respective holders. The use of brand names, product names, common names, trade names, product descriptions etc. even without a particular marking in this work is in no way to be construed to mean that such names may be regarded as unrestricted in respect of trademark and brand protection legislation and could thus be used by anyone.

Cover image: www.ingimage.com

Publisher:
Éditions Croix du Salut
is a trademark of
Dodo Books Indian Ocean Ltd. and OmniScriptum S.R.L publishing group

120 High Road, East Finchley, London, N2 9ED, United Kingdom
Str. Armeneasca 28/1, office 1, Chisinau MD-2012, Republic of Moldova, Europe
Managing Directors: Ieva Konstantinova, Victoria Ursu
info@omniscriptum.com

Printed at: see last page
ISBN: 978-620-6-17116-4

AMANI MUPENDA MUBIGALO

Un saint emprisonné

Mgr Emmanuel Kataliko, le Martyr de la
résistance à l'occupation de l'Est de la RDC

† Mgr Emmanuel Kataliko, martyr de la résistance à l'occupation de l'Est de la République Démocratique du Congo

Dédicace

A Mgr Willy Ngumbi, Evêque du Diocèse de Goma,

A Mgr Sébastien-Joseph Muyengo, Evêque du Diocèse d'Uvira,

A Mgr François Abeli Muhoya, Evêque du Diocèse de Kindu,

A Mgr Placide Lubamba, Evêque du Diocèse de Kasongo,

A l'Abbé Gentil Mupenda Ombeni, fidei donum de la Paroisse Santa Maria della Pietà, Italie,

A mes compagnons des Ex-musica sacra (Cadre laïc des experts en musique sacrée fils de Diocèse d'Uvira),

Je dédie ce travail.

Avant-propos

Il était le grain de la résistance de l'occupation dans l'Est de la République Démocratique du Congo de la catégorie des pères de l'indépendance congolaise des années 60 de par sa dimension nationaliste escomptée et de degré de foi unique de son genre qui a offert sa vie en sacrifice pour la promotion de justice et paix image de l'Eglise vivante.

Si Moïse biblique a pu laisser sa peau dans le désert de la sortie de l'Egypte pour la cause Israélite, si Jésus-Christ aussi en a donné sa vie pour l'humanité, Monseigneur Emmanuel Kataliko de la sortie de la grande bataille des Evêques congolais contre le régime dictatorial de Mobutu qui a duré plus ou moins 32 ans de l'époque n'a pas choisi le repos ni le silence vis-à-vis de la politique illégale, injuste et non fondée d'occupation Rwando-ugandaise dans la partie Est de la République Démocratique du Congo sous la bénédiction et l'hypocrisie de la puissance impérialiste occidentale.

L'avertissement à la menace de la balkanisation du Congo-Kinshasa, l'encouragement et la mobilisation de la population congolaise de ne jamais céder la terre de ses ancêtres à ceux qui l'envient illégalement, furent là les mobiles de la bataille de Mgr Emmanuel Kataliko dont la réussite actuelle de la résistance populaire congolaise que vante l'éminent écrivain camerounais Charles Onana dans son livre « *Holocauste au Congo* » c'est le fruit du labeur du patriotisme élevé de ce berger qui jusqu'à nos jours font que les initiés de cette guerre honteuse contre le Congo-Kinshasa n'ont jamais réussi à finaliser leur plan malgré les faiblesses ou les trahisons politiques des gouvernants et de l'armée loyaliste sur les fronts.

La fierté de l'émergence de la Province du Nord-Kivu est en grande partie, soufflée par ce dernier de par ses stratégies et sa politique de développement au profit de la pluralité des citoyens.

Monsieur Patrick Muyaya, porte-parole du gouvernement congolais disait un jour : « *... si le gouvernement et l'armée loyaliste n'arrivent pas à défendre valablement l'agression que connaît le pays, le peuple congolais lui-même va se défendre valablement* ». Cela veut tout simplement dire que l'espoir de la défense de la patrie compte sur les graines de résistance semées par le Père de la résistance Monseigneur Emmanuel Kataliko dans le chef de la population qui forme aujourd'hui « *les Wazalendo* » ne passera pas sans effet. Il faisait allusion à la bonne dose

patriotique consommée chez ce dernier pour faire face à
l'agresseur.

Jour après jour, le peuple congolais n'arrête
d'avancer sur les traces de Monseigneur Emmanuel
Kataliko et n'arrête également de se nourrir de ces
célèbres paroles de résistance contre l'occupation pour
faire face à l'agression étrangère rwando-ugandaise sur
la partie Est du pays.

Il est vrai que son corps était forcé de quitter la
bataille contre l'agresseur de la patrie pour servir de
semence patriotique de qualité, mais les initiés de cette
mort précipitée ont travaillé inutilement, car l'esprit de
résistance de celui qu'ils avaient tué était déjà transféré
dans les esprits de tous les citoyens congolais. Fait qui
complique tous les calculs et plans politiques des initiés
du vieux projet honteux de la balkanisation en ce 21^e
siècle qui aspire à la mutation des nouvelles puissances
mondiales dont les planifications des guerres de ce
genre sont pour elles démodées et honteuses.

Ce n'est qu'à ce prix que l'Eglise locale du pays
ancestral Lega (Mwenga dans le Diocèse d'Uvira,
Shabunda dans Kasongo, Pangi dans Kindu, Walikale
dans Goma) et leurs filles et fils se joignent à l'Eglise
de Butembo dans la prière de canonisation d'un berger
qui a fait l'écho au-delà de frontières tribales aussi dans

leur foi à travers le présent ouvrage pour témoigner l'universalité et/ou la non-discrimination de la vie épiscopale de Mgr Emmanuel Kataliko dans l'espérance de le voir un jour proclamé « Bienheureux » par l'Eglise.

Introduction

La culture de l'Eglise tant primitive que contemporaine depuis ses origines et les annales d'une nation respectueuse obligent la reconstruction des traces d'une personne qui a pu marquer l'histoire. Mgr Emmanuel Kataliko n'est plus un prélat ordinaire, mais historique de la foi catholique et de la nation congolaise qui mérite d'être immortalisé spirituellement comme d'autres qui ont versé leurs sangs et honorés par l'Eglise au même titre que d'autres.

De l'âge de soixantaine d'années ou plus, reconnu psychologiquement-parlant comme l'âge de la crainte de la mort pour nombreux individus qui naturellement sont accrochés à la vie, au pouvoir et à l'argent sous motifs de la sagesse d'âge. Curieusement, ce dernier fait l'exception d'accepter de suivre la voie de la crucifixion comme son Maître Jésus au profit de son troupeau. Faisant également le choix d'emboiter les pas de l'héroïsme patriotique et/ou de nationalisme escompté de Mzee Laurent Désiré Kabila et, du reste des pères de l'indépendance congolaise. Franchement, ce n'est pas donné à tout le monde et c'est plutôt un acte de foi, de bravoure et de sacrifice à honorer, à servir de modèles des générations présentes et montantes de tous les âges.

Les fruits de la bataille de Mgr Emmanuel Kataliko loin d'être pris simplement au titre de symbole de résistance à l'occupation de l'Est comme certains médias l'ont conféré ce genre de coloration, mais mérite plutôt la considération d'un héros et/ou d'un martyr de cette catégorie de résistance dont ses résultats positifs sont déjà visibles à tel point que nul n'a besoin d'une étude aussi pointue pour les prouver et les démontrer.   Sans sa lutte, « le mouvement patriote dit « *Wazalendo* » que vente le célèbre écrivain camerounais Charles Onana dans son livre « *Holocauste au Congo* » ne pouvait jamais naître et faire face à la pénétration et à l'occupation des agresseurs étrangers rwandais-ugandais sur le sol congolais.   Nourri régulièrement de l'enseignement et de la morale de ce dernier, tout congolais amoureux de sa terre ancestrale ne peut jamais donner illégalement ou gratuitement un centimètre de sa terre à un agresseur étranger.

S'en foutre ou parler légèrement de la vie de ce martyr ou encore faire semblant de ne pas reconnaitre les mérites de la bataille de ce dernier à la taille de sa capacité, serait moins que des ingrats du temps de Jésus qui malgré ses démonstrations miraculeuses et son amour vis-à-vis des hommes, ceux-là qui ont bu son vin précieux dans la fête de Canaan dont leurs enfants ont bénéficié de la guérison, ont mangé les pains et les poissons gratuits, ont bénéficié de résurrection de leurs enfants morts, devant le roi Pilate, au lieu de s'unir à lui pour témoigner leur reconnaissance de tout ce dont ils ont été bénéficiaires pour sa libération, n'ont pas hésité à le trahir en criant tout haut: « crucifiez-le ! ».

Les présents travaux réalisés en une seule pièce et/ou en un ouvrage ont collectés certains articles éparpillés dans des revues scientifiques et médias, formant ainsi une des pierres d'angles dans la reconstruction de l'histoire de Mgr Emmanuel Kataliko dans l'Eglise africaine et de l'élite intellectuelle congolaise.   Servant ainsi d'un moteur d'encouragement à tous les chercheurs congolais et acteurs de l'église de continuer de fournir une gamme des publications sur sa personne, de manière à étouffer nos bibliothèques pour une région des Grands Lacs Africains stable et prospère.

Cet ouvrage se conçoit comme péroraison théologico-morale, soulignant ainsi l'opportunité d'un engagement socio-politique efficace de l'Eglise contemporaine au milieu du village entouré par des loups prêts à dévorer les brebis.   Il veut proposer une voie d'engagement et de réflexion socio-politique parmi d'autres: celle de l'Eglise locale sous l'épiscopat de feu Mgr Emmanuel Kataliko dont la forme et le fond de sa bataille réalisée réclament silencieusement et poliment le titre de *« Martyr et/ou de saint».*

Allons-y découvrir dans cet ouvrage de petit volume simple à consommer, à travers le magistère de ce dernier, sa perception des signes des temps dominés par le goût de guerre injuste vis-à-vis d'un voisin, d'un semblable, l'excès de cupidité de la puissance impérialiste sur les états africains, l'amour de sa patrie, et sa réponse qui se posent quant à ce.

Nos travaux de construction du présent ouvrage se sont sommairement intéressés de la bataille jusqu'au sacrifice suprême de Mgr Emmanuel Kataliko. Les détails fouillés sur la situation sécuritaire et politique approfondie ou développée de la région des Grands Lacs Africains ne sont ni recensés ni repris.   Les témoignages des tiers n'ont pas également été pris en considération dans leur totalité pour être insérés, mais certains ont eu quand-même la chance d'y paraître. Nous avions sélectionné les célèbres paroles de ce dernier, certaines de ses lettres et certaines réflexions tirées de ses enseignements patriotiques sur la résistance qui sont en majorité dispersés dans diverses revues scientifiques et sur des planches des articles des médias en ligne, qui ne sont pas des supports scientifiques et archivistes rassurants pour la consommation des générations futures. D'où, la construction d'un ouvrage rassembleur de tous ses articles et témoignages serait une manière responsable de les immortaliser et de les permettre à la disposition de tous les âges d'accéder à la connaissance du vécu d'une personne qui a marqué l'histoire à la fois de l'Eglise et de la région des Grands Lacs Africains. Ensuite, nous avions pu recenser et tenter l'interprétation des certaines informations sur la vie et le combat de Mgr Emmanuel Kataliko et certains de ses péchés ou pannes humains jamais révélés au grand jour pour y déceler une spécificité et considération méritée.

Pourrons-nous de la sorte doter à ce dernier le mérite de « Martyr de résistance à l'occupation dans l'Est du Congo » comme modèle efficace d'un berger de son troupeau en face des loups qui veulent l'égorgement de ses sujets et d'un vrai patriote au prix d'un héros ? N'est-il pas le statut honorifique d'un saint à découvrir ?

Méthodologiquement, nous avions suivi la lecture analytique de certains messages, paroles et interventions officielles de Mgr Emmanuel Kataliko. Mérite-t-il simplement une considération symbolique dans l'Eglise ou dans l'Etat congolais ? Faut-il emprisonner son héroïsme et sa foi éternellement ?

C'est à ce sujet que s'aligne la logique de la construction du présent ouvrage qui se construit en six chapitres dont le premier parle du mysticisme des noms à l'incarnation humaine dont fut le cas chez la personne de Mgr Emmanuel Kataliko de par les conditions dans lesquelles il était né, à grandit et a fini sa vie.

Le deuxième chapitre développe plus l'engagement, la détermination, la conviction et le courage de ce dernier dans le monde socio-politique devenant ainsi, un chantier entrepris vers son sacrifice suprême.

Le troisième chapitre fait une révélation détaillée sur la réflexion de Mgr Emmanuel Kataliko qu'on peut considérer comme le levier de son combat contre l'injustice, l'insécurité et l'occupation illégale de l'Est Congo-Kinshasa.

Le troisième chapitre parle de la graine de semence à la résistance de l'occupation de l'Est du Congo qui dévoile le statut et l'avenir spirituel de ce dernier.

Le quatrième chapitre frôle sur le prix de la résistance pour tout martyr à devenir.

Le cinquième est le dernier chapitre qui développe le résumé détaillé permettant de bien consommer la conclusion finale du sujet abordé.

Les travaux de cet ouvrage peuvent souffrir d'une certaine imperfection certainement liée à la nature humaine et peuvent ou ne pas arriver à la dimension de satisfaction attendue par l'intéressé du titre de ce dernier. Qu'à cela ne tienne, le labeur investi n'a que l'objectif d'amener un plus sur le réveil des esprits de l'Eglise, des chercheurs, écrivains et des activistes de tous les horizons sur le sujet de promotion de la cause de ce martyr en majuscule qui a suivi les pas des héros de l'indépendance, un saint emprisonné qui a suivi les pas de Jésus Christ dans cette génération des tribulations que connaît le Congo attendu par les âmes de toutes les couleurs issues des tous les tribus d'Afrique, de toutes les nations qui ont crû en sa bataille de résistance à l'occupation du Congo et de la Justice et Paix dans la région des Grands Lacs Africains de part et d'autres.

La fourniture des témoignages éloquents sur sa foi, son courage, son franc-parler, son don de leadership charismatique, son sens élevé de défense des droits humains et son amour escompté de la patrie jusqu'à y laisser sa peau pour inviter les chrétiens de revivre l'ensemble de l'histoire du salut et de la vie du Christ, forment ainsi le carburant très efficace dont se sert le postulateur de la cause de ce dernier.

Mes remerciements à tous ceux qui ont contribué de près comme de loin à la construction de cet ouvrage à travers les articles et les témoignages. Surtout à Mzee Paluku Wa Kayitenga Victor, Médecin social et musicien-compositeur de longue date de l'Eglise du Grand-Kivu qui s'est privé de sommeil pour la lecture du manuscrit. Il s'est avéré être une source de purification d'inspiration autant qu'un critique subtil.

Je remercie toujours les Ex-musica sacra (Cadre laïc des experts en musique sacrée fils du Diocèse d'Uvira) qui, sur leur initiative de promotions des actifs de l'Eglise locale d'Afrique, ont fait naître l'idée de participation des Diocèses d'Uvira, de Kasongo et de Kindu dans la promotion de démarche de béatification de Mgr Emmanuel Kataliko. Une manière particulière de confirmer l'unité chrétienne dans cette noble prière de béatification de cet homme de Dieu.

C'est en ce langage que nous vous souhaitons une bonne consommation de cet ouvrage et son utilisation à bon escient

Du mysticisme des noms à l'incarnation humaine

« Chercher la vérité du Christ c'est, dans ma situation actuelle, me décider à vivre, comme lui, dans l'amour, et à me battre comme Lui encore, contre la violence du péché qui divise, jusqu'à donner ma vie, s'il le faut, pour ceux que j'aime ».

Mgr Emmanuel Kataliko, un Martyr attesté.

Des origines de Mgr Emmanuel Kataliko

Né en 1932 dans le territoire de Lubero (partie Est de la République Démocratique du Congo), Mgr Emmanuel Kataliko, d'abord Evêque du diocèse de Butembo-Beni dans le Grand Nord-Kivu, puis Archevêque du Diocèse de Bukavu, dans le Sud-Kivu, est le plus ancien à être ordonné dans le milieu. Il est connu grâce à sa fidélité à l'annonce de l'évangile.

Il est né lors de la plantation de bananes appelées « kasiksi » (Ndaliko) en kiswahili du Kivu. Ce genre de bananes est normalement destiné à la fabrication de la boisson alcoolique locale. Pendant que ses parents préparaient les trous pour planter les régimes de bananes, sa maman a senti les douleurs de l'enfantement. Elle fut directement acheminée à l'hôpital. Au moment où son papa achevait le travail, un message vint de l'hôpital affirmant la naissance d'un fils qui serait alors appelé Kataliko (Ndaliko). Ce nom est en Kiyira (Kinande), une des tribus du nord-est de la République Démocratique du Congo et il signifie « enterrer ».

Né d'une famille pieuse, il reçut le nom d'Emmanuel Kataliko pour signifier que Dieu était avec eux lors de l'enterrement de leurs bananes. Cet événement constituait une prophétie pour le futur de Mgr Emmanuel Kataliko puisque plus tard il devint un fervent serviteur de Dieu. Il fut d'abord évêque du diocèse catholique de Beni-Butembo, et puis archevêque de l'archidiocèse de Bukavu. Plus d'une personne l'ont présenté comme un homme de prière et d'une dévotion mariale assidue au point de réfléchir avec le Saint Jean-Bosco que *« ceux qui font confiance à marie ne seront jamais déçus »* qu'il est seulement essentiel de « Savoir à quelle partie de l'œuvre du Seigneur Il vous a appelé et qui vous est demander d'y consacrer toute votre âme » disait, Charles Spurgeon. Car Il a satisfait l'âme altérée, Il a comblé de bien l'âme affamée, conclu le psaume 107: 9.

Du résumé de la vie pastorale ou épiscopale

Sur le plan social, Mgr Emmanuel Kataliko était connu comme un remarquable agent de développement. En effet, il a réalisé beaucoup d'œuvres sociales, entre autres, la construction de l'Université Catholique de Graben à Butembo, l'amélioration de l'habitat dans sa société et la création des routes de desserte agricole pour relier la ville aux villages environnants et booster l'émergence d'une région.

Durant les dernières années de sa vie, ce dernier ne s'est pas contenté seulement d'adresser des supplications à Dieu afin que la guerre cesse dans son pays en particulier et en Afrique centrale en général, il s'est également investi corps et âme dans la recherche de la paix à travers ses exhortations, ses déclarations et ses contacts avec les autorités politiques concernées par la guerre tant niveau local, régional qu'international.

Dans sa lutte pour la justice, il a élevé la voix pour dénoncer le non-respect des droits de l'homme dans sa région ainsi que les actes criminels commis par les rebelles du Rassemblement Congolais pour la Démocratie (RCD) avec leurs allies rwandais et ougandais. Cela lui a valu une relégation de sept mois loin de son diocèse. Ni la peur de la mort, ni la crainte du jour du jugement ne l'ont jamais empêché d'annoncer à temps et à contretemps la bonne nouvelle du Christ, bonne nouvelle à porter aux pauvres.

Du hasard ou de la coïncidence ?

Le prénom « Emmanuel » de Mgr Kataliko renvoie à un questionnement de curiosité. Est-ce au hasard qu'il a pu porter ce nom-là. Ou tout simplement un fait de la coïncidence.

Si les Saintes écritures témoignent sur le message premièrement de la prophétie d'Isaïe sur la naissance d'un Sauveur de l'humanité révéla qu'une vierge mettra au monde un enfant qu'elle appellera Emmanuel, c'est-à-dire, Dieu parmi les hommes[1]. En projetant les circonstances dans lesquelles Mgr Kataliko est né, le temps que ses parents préparaient les trous pour planter les régimes de bananes en même temps que sa maman a senti les douleurs de l'enfantement et au même moment acheminé à l'hôpital où elle donna naissance à l'enfant, c'est un fait purement mystique et prophétique. Non seulement à cause de cette circonstance, il sera appelé « Kataliko », mais ses parents lui ajoutèrent un deuxième nom de « Emmanuel » qui inspira un statut de martyr et sauveur de son peuple.

Parallèlement aux vertus du bananier, la circonstance de cette catégorie de naissance annoncée précédemment, veut révéler au fœtus qui est dans le ventre de sa maman que comme le bananier étant enfoncé seul dans le sol, mais avec l'évolution fera pousser tout un champ de bananiers autour de lui. Autrement dit, cela prédisait la vie épiscopale de Mgr Emmanuel Kataliko, non seulement étant seul sorti du ventre de sa mère, mais sauvera dans sa vie autant d'âmes autour de lui à travers ses qualités, son

<hr>

[1] Esaïe 7, 10-14

enseignement, ses responsabilités, ses initiatives et sa bataille pour la justice et la paix, orientée vers la stabilité de la région en bouillonnement des guerres injustes et de l'injustice sociale à grande échelle. Mais comme le régime de bananier ne peut se multiplier pour remplir un champ sans être enterré dans le sol, cet enfant aussi, né dans une telle circonstance, ne sauvera pas son peuple sans renoncer à sa vie et/ou sans accepter de verser son sang ou de mourir pour ceux-là qu'il aime à l'instar de son Maître Emmanuel Jésus-Christ. Ainsi se justifient les dires de Saint Augustin : *« le monde est créé sans nous, mais ne sera pas sauvé sans nous »*.

Disons que son engagement révélé dans son message ici présent n'a rien avoir avec du hasard. Sinon, la personne elle-même illuminée par le Saint-Esprit avait tellement reconnu sa vocation et sa mission depuis un certain temps sur la terre qu'il renonça lui-même à sa vie sans être forcé et travailla pour le compte d'un saint vivant préparé à être martyrisé comme l'agneau qui sait qu'un jour malgré la longueur d'âge il lui sera frotté un couteau sur sa gorge comme le stipule cet extrait :

« Chercher la vérité du Christ c'est, dans ma situation actuelle, me décider à vivre, comme lui, dans l'amour, et à me battre comme Lui encore,

contre la violence du péché qui divise, jusqu'à donner ma vie, s'il le faut, pour ceux que j'aime[2]».

Est-ce qu'une telle âme, née, grandi, préparée, déterminée à être martyriser et travaillant pour son accomplissement à l'instar de son Maître Jésus, serait simplement loin de son Maître à imiter là dans le royaume des morts ? Serait-il très fanatique de mauvais goût ou tout simplement très pressé ou encore très imbécile d'inviter les yeux spirituels de l'Eglise à projeter leur regard sur la vérification de positionnement de ce dernier aux cieux comme elle l'exige ?

Il sera comique de faire semblant de ne pas joindre sa voix dans les demandes à Dieu pour que l'Eglise proclame Mgr Emmanuel Kataliko bienheureux.

Avoir vécu une aventure pareille de sacrifice de sa vie pour la cause de ses semblables dans ce monde où chacun veut en conserver très jalousement, veut en améliorer davantage de manière à bien vouloir vivre éternellement à ne jamais vouloir entendre de ses oreilles l'annonce de sa mort, mais qu'il ait vécu parmi ses hommes là, une personne qui travaille pour donner sa vie pour tous, c'est quelque chose qui laisse à désirer

---

[2] Révélation de propre parole de Mgr Emmanuel Kataliko

et qui laisse à réveiller l'Eglise qui se tait sur ce sujet. Il sera comique si quelqu'un gratuitement pouvait risquer sa vie pour plaire l'Eglise, il pouvait voir la mort sur sa face et accepter de la recevoir avec joie sans l'éviter là où nombreux ne s'y exposent pas ouvertement rien que pour plaire à l'humanité. Ce pauvre raisonnement, renvoie à croire que quelqu'un de ce calibre qui enterre la joie de ce monde, qui utilise son pouvoir pour l'intérêt de son peuple, qui sacrifie ses plaisirs et sa vie est de Dieu, et à la fin de son contrat de location sur cette terre il a foi à être reçu par le Dieu qu'il a servi[3].

Au fait, devenir saint est une pure aventure spirituelle. Cette catégorie d'appel, vocation à la sainteté est un don, auquel on peut répondre par une vie où l'on se donne, selon Saint Pierre dans sa première lettre[4] : « A l'exemple du Dieu Saint qui vous a appelés, devenez saints, vous aussi, dans toute votre conduite ».

---

[3] Libre expression
[4] 1 Pierre, 1, 15-16

L'engagement socio-politique de Mgr Kataliko

« Ils ont de la médisance envers nous, mais nous, nous sommes l'étoile de Dieu. Ils peuvent nous avaler, mais ils n'arriveront pas à nous digérer ».

Mgr Emmanuel Kataliko

Présentation sommaire de la situation socio-politique de la région africaine des Grands Lacs

Nul n'ignore que la région des Grands Lacs africains traverse depuis bientôt plus de trois décennies, une période des bouillonnements politiques incorporés des guerres interminables. Après la clochardisation socio-économique dans laquelle nous a plongés le régime totalitaire du feu Maréchal Mobutu Sese Seko, au pouvoir de 1965 à 1997, le peuple congolais est en proie à l'assaut de différents « seigneurs » de guerre qui, tour à tour, proposent l'établissement d'un nouvel ordre politique au Congo-Kinshasa à travers des guerres dites « de libération ».

A cela s'ajoute le phénomène des « réfugiés » provoqué par le génocide rwandais de 1994 qui a ébranlé un équilibre déjà instable. Toutes ses conséquences ont atteint, entre autres le peuple congolais. Des opportunistes politiques congolais ont profité de l'affaiblissement d'un régime totalitaire en mal de ressaisissement et se sont inscrits en faux par ignorance dans l'agenda caché avec légèreté dans la politique d'expansion des pays voisins qui, loin d'éloigner de leurs frontières des éléments nuisibles à leurs régimes, avaient au contraire des visées « assimilationnistes » et « annexionnistes ». Ces

Congolais marionnettes ont cru trouver là une voie pour tenter une reconstruction du Congo et assurer ainsi des lendemains meilleurs. Ces traîtres congolais, en usant de désinformation et de manipulation, parviennent, avec une facilité déconcertante, à convaincre un nombre croissant de personnes naïves et mal informées. Le manque de discernement et la propension à absorber les fausses informations sans analyse critique constituent un terrain fertile pour ces manipulateurs. Il est crucial de comprendre que cette situation ne fait que renforcer les cycles de violence et de désespérance. Un aspect qui intéressait beaucoup Mgr Emmanuel Kataliko de se demander pourquoi tant de ses frères et sœurs succombent à ces mensonges éhontés, et cela le poussait à une réflexion profonde sur l'importance de l'éducation, de la sensibilisation, et du développement de l'esprit critique.

Ce fut la première guerre de « libération » qui porta le président Mzee Laurent-Désiré Kabila au pouvoir le 27 mai 1997, après huit mois de combats acharnés. Fort malheureusement, c'est le peuple qui en a fait les frais. Depuis ce temps, le Zaïre, rebaptisé ou redevenu RD Congo, tenté la mise en place d'une société nouvellement rebâtie. Mais le mécontentement n'a pas tardé à se manifester dans les rangs des alliés de cette nouvelle république qui, en fait, ne maîtrisait pas tous les paramètres de mise en œuvre de leurs objectifs cachés. Fait qui entraîna une réédition du même scénario macabre de guerre, en collaboration avec d'autres Congolais mécontents du régime de Mzee Laurent-Désiré Kabila.

L'évènement dramatique qui se prolonge encore aujourd'hui s'est déclenché à Bukavu le 2 août 1998, où les acteurs d'une nouvelle « libération » s'étaient regroupés. Cette guerre sanglante conduira à une partition de fait du Congo.

Bref, le contexte général dans lequel « survit » le peuple est celui de la guerre, de la violence sous toutes ses formes, de la paupérisation progressive et totale, de la perte de la dignité. Cette même période voit Mgr Emmanuel Kataliko commencer son magistère épiscopal dans l'archidiocèse de Bukavu, après trente ans d'un fructueux apostolat dans le Diocèse suffragant de Butembo-Beni au Nord-Kivu. C'est le cadre où se situe la genèse historique de son engagement socio-politique de trois ans, passés à la tête de l'Eglise de Bukavu. La question cruciale qu'il se pose est : comment combattre efficacement cette naïveté collective ? Il faut absolument une solution à plusieurs niveaux. D'abord, renforcer le système éducatif pour qu'il inclue une formation sur les médias et inculque l'esprit critique dès le plus jeune âge. Ensuite, promouvoir une information transparente et fiable pour faire face à la désinformation. Sinon, sans ces actions vigoureuses, personne ne sortira vivant, a-t-il pensait Mgr Emmanuel Kataliko.

De la simplicité au sacrifice des honneurs

Il convient de rappeler la situation pastorale dont il hérite de son Maître Jésus Christ Le Bon Berger après la mort de Mgr Christophe Munzihirwa, nommé archevêque de Bukavu le 27 mars 1994, un mois avant le drame des réfugiés rwandais venus s'installer en masse à Bukavu.

Il est un Archevêque du jamais vécu qui a consacré la célébration de sa première messe aux enfants vivants avec handicapes fusionnés aux enfants de la catégorie confondue après son investiture. Ce n'est qu'après cela qu'il a dit la messe à tous les chrétiens de la paroisse. Cette catégorie de priorité accordée à la faible population sans voix et/ou aux plus petits a pu marquer le premier jour de son épiscopat à la tête de l'Eglise de Bukavu. Signalons que depuis ce temps-là, et dans les quelques années de souffrance sur la tête de cette Eglise, les enfants l'ont connus au nom de « *petit Kataliko* [5] ». A force de les privilégiés, les enfants n'ont pas hésité de le prendre au même pied d'égalité qu'eux en lui prenant aussi petit en esprit et en taille.   Le pouvoir qui aux yeux de plusieurs est considéré comme une élévation ou une souveraineté absolue pour écraser, étouffer et gagner ce qui lui manquait dans sa vie. Par contre, pour ce dernier, être archevêque métropolitain c'était pour lui un statut d'un berger protecteur et serviteur fidèle au milieu des églises confondues et fidèles du Grand Kivu d'abord, et ensuite une opportunité de proximité aux plus petits, aux plus faibles, et sans voix, s'en souvient un jeune garçon produit de « *Heri kwetu* » [6] de Bukavu qui au temps voulu, quand il fut enfant allait au couvent, partager, jouait, blaguer et touchait gratuitement les mains de celui qu'ils appelaient en concert « *petit Kataliko* ».

Il est témoigné par plus d'une personne que le petit Kataliko ne chérissait pas être saluer par plus de dignité ni de paraître à la place public comme un prince de l'Eglise, mais encourager plutôt d'être pris comme un pauvre citoyen et humble serviteur par un regard de négligeable. Autrement-dit, celui qui s'appelait petit

---

[5] « le petit Kataliko » est un surnom que lui ont accordé les enfants de la ville de Bukavu de par sa simplicité et ses regards responsables envers eux

[6] Centre pour handicapé de Bukavu : témoignage d'un jeune sans handicap qui au temps de Mgr Kataliko fut élève à l'école de Heri kxetu.

Kataliko a vécu son épiscopat dans un comportement de simplicité visible en sacrifiant ses honneurs comme prince de l'Eglise au profit de comportement d'un berger au milieu de ses brebis. C'est ce que souligne aussi Montesquieu : « Pour faire de grandes choses, il ne faut pas être un si grand génie, il ne faut pas être au-dessus des hommes, il faut être avec eux ».

De l'engagement local à l'environnement international

Pendant deux ans, il rechercha une solution à ce grand problème auquel tout le diocèse était contraint de faire face. Il a donc travaillé à mettre en place un schéma de paix pour la région des Grands Lacs, à travers des prises de position courageuses et un engagement sans réserve pour la défense de la dignité de la personne, quelle que soit son appartenance. Il a invité ses fidèles à le suivre dans cette bataille amorcée et à compatir avec les nécessiteux et toutes les victimes de la situation. C'est pourquoi ces derniers réclamaient sans cesse aux autorités ayant orchestré ce genre de complot contre lui : « muturudishie mchungaji wetu »[7].

---

[7] « muturudishie mchungaji wetu »., c'est-à-dire « remettez-nous notre Berger (Evêque)

Les milieux internationaux ont donné l'impression d'observer le déchaînement des forces de la mort. Et l'on se demande, non sans raison, s'il n'existe pas un plan bien élaboré et dissimulé quelque part dans des salons obscurs, et consorts.

Les célèbres écrits et stratégies de mobilisation patriotique à la hauteur d'un berger veillant sur son troupeau profilent sa détermination d'emboîter le pas au Christ qui n'arrêta pas certainement de déranger la conscience des agresseurs qui n'ont pas, quant à eux, raté l'occasion de se défaire de lui, croyant par-là tuer la vérité et arrêter la machine de résistance patriotique de par ses prises de position fortes et courageuses. On y lit dans son ensemble l'angoisse d'un pasteur dévoué dans sa peau pour la cause de Dieu, zélé et vivant dans sa propre chair les misères de ses brebis et travaillant pour la promotion de justice et paix en faveur du peuple africain de la région des Grand Lacs en général et congolais en particulier.

Depuis le jour de son intronisation comme archevêque de Bukavu, Mgr Emmanuel Kataliko sentait dans sa conscience sur la situation dramatique, le poids que cette guerre imposait au peuple de Dieu depuis le jour de son intronisation comme archevêque de Bukavu. Rappelons que Mgr François-Xavier

Mitima, l'Administrateur diocésain, dans la carte postale de l'archidiocèse de Bukavu qu'il lui présentait au nom de tout le diocèse, déclarait ce qui suit :

> *« Vous arrivez à Bukavu au moment où de graves défis se dressent sur le chemin de votre activité apostolique [...] Votre évangélisation visera à toucher les cœurs, pour que finissent le tribalisme, l'ethnocentrisme, l'égocentrisme et les discriminations, afin que règne l'esprit de réconciliation, de respect mutuel, d'entraide et de fraternité ».*

Mgr Emmanuel Kataliko va très rapidement gagner non seulement le respect, mais aussi l'attachement et l'affection de tous ses diocésains. Les 3 années de son ministère à Bukavu vont se passer dans la tourmente. Il ne ménagera ni sa peine ni sa santé pour soutenir le moral de la population et rappeler aux responsables militaires et politiques, les exigences du droit et de justice.

Au début du mois d'août 1998, une nouvelle guerre se déclencha en République Démocratique du Congo, les militaires du Rwanda et de l'Ouganda prennent les villes de l'Est du Congo : Bukavu, Uvira,

Goma … Commence alors une série d'enlèvements et de massacres.   La population est désemparée. Les nouvelles autorités parlent de « libération », mais les gens ne voient que pillage, misère et morts. Mgr Emmanuel Kataliko lance alors un appel à tous et conclut :

> « *En toute circonstance, je me dois de rappeler à tout le monde les principes fondamentaux de la conscience humaine : le respect de toute vie, de la vérité et de la dignité humaine* ».

Plus tard, faisait l'analyse de la situation que traversait notre région, Mgr Emmanuel Kataliko montrait sa préoccupation en face de la guerre permanente restant reconnaissant que c'est toujours la pauvre population qui paie : enlèvents, tortures, massacres, guerre, tueries de tous genres ; réfugiés et déplacés meurent suite aux intempéries, aux épidémies et aux exécutions sommaires… Le tissu économique et familial du pays est déchiré, la paupérisation de la population est aggravée : manque de possibilité de se nourrir, de se vêtir, de se soigner, de scolariser les enfants ; déstabilisation des familles, rupture des échanges commerciaux et sociaux, soupçons et préjugés mutuels, …   On ne peut s'étonner alors de la démobilisation de tout un peuple, de la mort de l'idéal patriotique, de l'affaiblissement général.

Mgr Emmanuel Kataliko était d'avis qu'un pasteur conscient de sa mission et de sa charge pastorale ne peut se taire devant tout ce qui porte le peuple à la dérive, sans courir le risque de se constituer lui-même complice de sa mort. Il insistait toujours en ce terme :

« L'Evêque doit parler ! Parler ! Parler ! »

De la lecture de son engagement socio-politique

La prise de position de Mgr Emmanuel Kataliko dans le concret de sa vie ecclésiastique de l'archidiocèse de Bukavu s'inscrit bien dans la ligne générale tracée par l'apostolat social de l'Église. Son action s'entend comme le prolongement des martyrs et pères de l'indépendance et de celui des autres évêques du continent africain et plus particulièrement de ceux du Congo qui ont donné les meilleurs d'eux-mêmes pour le peuple de Dieu et pour la Justice et la paix.

Dans toutes ses interventions, l'épiscopat de la République Démocratique du Congo, inspiré de la méthode de certains documents de Vatican II, fait le point sur la situation qui prévaut, cherche les causes, établit les responsabilités et en appelle à la conscience tant personnelle que communautaire, tout en proposant des issues à la crise pour une paix durable. Malheureusement, le destinataire de ces différents messages est, selon le constat amer de l'épiscopat, *« devenu manipulable à souhait par des politiciens véreux et sans scrupule qui n'hésitent pas à exploiter à bon compte ses passions ethniques et régionalistes ainsi que ses instincts égoïstes et agressifs. Passif, il ne résiste pas efficacement et suffisamment aux sollicitations machiavéliques de ceux qui, pour des raisons inavouables, l'incitent à des actes d'autodestruction »*. L'Église universelle, et en particulier celle du Congo, s'engagent pour la cause de l'homme et relèvent les défis sociaux. Cette situation héritée du souffle de l'encyclique *Rerum Novarum* de Léon XIII (1891) a plongé l'Église dans le choix de la dignité de l'homme qu'il fallait sauver des fluctuations socioéconomiques et politiques qui le conditionnaient.

Cela étant, dans ce même mouvement, tous les épiscopats ont, dans leurs prises de position, *« compris que les problèmes de la personne ne pouvaient être séparés de ceux de la société »*. Cette trajectoire a été suivie scrupuleusement par Mgr Emmanuel Kataliko en ce sens que, « la conjoncture, le thème et la substance de ses interventions visent une mise en lumière des constantes, des principes axiaux qui, depuis Léon XIII jusqu'à Jean-Paul II, ont acquis progressivement du relief, avec des nuances et des explications qui s'ajoutent les unes aux autres, révélant ainsi « la continuité de la doctrine sociale de l'Église en même temps que son renouvellement »[8].

De la spécificité de son l'engagement socio-politique

Mais qu'est-ce qui fait la spécificité de l'engagement socio-politique de Mgr Kataliko ? Qu'est-ce qui le démarque dans sa prise de position ? Rien d'insolite, sinon sa détermination de répondre positivement à l'appel souvent adressé à nos pasteurs, de vivre avec les croyants de la base, pour sentir leurs aspirations et les aider à les réaliser. Par son style de vie simple, Mgr Kataliko a privilégié ce contact avec ses fidèles ; il a opéré une véritable *« descente aux enfers »* à travers une pastorale qui répondait toujours mieux aux aspirations et aux attentes de ses chrétiens. En effet, dans sa simplicité, il suscitait un grand accueil de la part de ses diocésains et une grande force de mobilisation et de confiance en sa personne.

---

[8] Sollicitudo rei socialis

Par ailleurs, dans la répercussion des messages et des lettres qu'il adressait aux fidèles, il a bénéficié de l'aide de son service diocésain de traduction et de transmission des documents épiscopaux, en vue de répondre efficacement au problème de l'inaccessibilité des messages et des lettres pastorales de la plupart des épiscopats. On note également que son action pastorale, depuis d'ailleurs les années du pouvoir dictatorial de Mobutu, témoignait d'un agir sans compromission avec les forces de maintien du statu quo.

Notons en outre dans l'engagement de Mgr Emmanuel Kataliko sa grande capacité de rassembleur des vues du peuple. Sa prise de position a souvent été le fruit d'efforts concertés avec son observateur de la politique en cours. Le rôle de ce collaborateur était de coordonner et de traduire en langage clair les vraies aspirations du peuple. Ensuite, il étudiait attentivement les motivations réelles de ceux qui se posaient en instaurateurs d'un nouvel ordre politique opposé au régime en place ; enfin, il délimitait un cadre d'action qui visait à la fois à éviter au peuple de sombrer dans la violence et l'aidait dans son agir. En outre, il inspirait toute initiative susceptible de dépasser les pièges et les obstacles à l'instauration de la vraie paix. Fort de cette structure, Mgr Emmanuel Kataliko avait toutes les chances d'être reçu dans ses appels et pouvait entraîner ses fidèles dans une vision d'ensemble du problème majeur de la région. Son action pastorale s'étant tellement bien insérée dans ce cadre, il ne pouvait que récolter des fruits d'adhésion et d'approbation ; il a incarné à merveille le rôle du Bon Pasteur qui connaît ses brebis, et que ses brebis connaissent[9].

Les âmes avisées jugent que Mgr Emmanuel Kataliko s'est inscrit dans la vraie dynamique du Serviteur souffrant de Yahvé[10]. Sa détermination lui a donné la force de réagir au découragement qui menaçait ce peuple, qu'il invitait à résister aux séductions de l'esprit du mal et à redécouvrir la présence agissante de Dieu dans nos vies. Il manifesta prophétiquement sa souffrance lorsqu'il disait que le peuple serait décapité par la situation persistante de guerre, et qu'une fois sans pasteur, il risquerait la déstructuration qui l'affaiblirait devant ses agresseurs dont voici l'extrait de ses termes :

« Nous avons le sentiment que par-delà, les faits isolés reprochés à l'un ou l'autre, à raison ou à tort, il y a une stratégie qui vise à détruire tout ce qui est considéré par le peuple comme sacré. Une fois détruit le noyau autour duquel se construisent la cohésion et l'identité communautaire des peuples, il serait plus facile de soumettre les

---

[9] Jn 10,14
[10] Is 42,1-10

populations désormais sans défense et sans repères à l'arbitraire d'une idéologie et d'un système totalitaire qui veulent s'imposer à tout prix. Dans ce cadre, l'Église Catholique, comme le pouvoir coutumier, deviennent la cible privilégiée d'un pouvoir qui voudrait faire table rase des valeurs chrétiennes et traditionnelles. Son mécanisme consiste à déstructurer un peuple en s'attaquant jusqu'à la racine de son identité pour mieux le soumettre ».

Le document dit « Kairos » de l'Eglise de Bukavu

Ce qui fait la grande spécificité de l'engagement de Mgr Emmanuel Kataliko à la tête de l'archidiocèse de Bukavu, c'est sa limpidité d'intention et sa fermeté de conviction. Son cœur était comme une page ouverte à tous et où tout le monde, petits et grands, retrouvait les idées sans compromission ni duplicité de son pasteur. En effet, il souffrait et portait dans son corps et son cœur la souffrance du peuple ; c'est pourquoi il se sentait obligé de parler. C'est ce qui a fait de lui un gêneur pour les forces de la rébellion occupant l'est de la R.D. Congo.

Dans l'exercice de sa fonction et à la suite de son Chef, le Christ, il dénonçait et invitait au sacrifice, dans sa lettre pastorale de Noël 1999, que désormais nous appellerons le document « Kairos » de l'Église de Bukavu. Mgr Emmanuel Kataliko s'exprimait ainsi dans ce document, qui non seulement lui a valu l'exil forcé dans le diocèse voisin de Butembo-Beni dont il était originaire, mais aussi d'être tenu pour persona non grata dans la région des Grands Lacs :

« Nous sommes écrasés par une oppression comme il nous est rarement arrivé dans les périodes précédentes. Des pouvoirs étrangers, avec la collaboration de certains de nos frères congolais, organisent des guerres avec les ressources de notre pays. Ces ressources qui devraient être utilisées pour notre développement, pour l'éducation de nos enfants, pour guérir les malades, bref pour que nous puissions vivre d'une façon plus humaine, servent pour nous tuer... Même notre personne humaine n'échappe pas à cette exploitation oppressive... La déchéance morale a atteint un niveau si aberrant auprès de certains de nos compatriotes qui n'hésitent pas à livrer leur frère pour un billet de dix ou vingt dollars. Mes frères, prenons conscience de nos liens de servitude... Prenons le risque du chemin

de la libération sous la conduite de l'Esprit !... Nous ses fidèles, à partir de l'Évêque jusqu'au dernier des chrétiens, nous sommes appelés à continuer la mission de Jésus : annonce de la vie... résister au mal sous toutes ses formes ; dénoncer tout ce qui avilit la dignité de la personne. Nous nous engageons avec courage, avec un esprit ferme, avec une foi inébranlable, à être à côté de tous les opprimés et, si nécessaire, jusqu'au sang, comme l'ont déjà fait Mgr Munzihirwa, l'Abbé Stanislas Wabulakombe et les sœurs de Kasika, l'Abbé Georges Kakudja et tant d'autres chrétiens... C'est au prix de nos souffrances et de nos prières que nous mènerons le combat de la liberté et nous amènerons aussi nos oppresseurs à la raison et à leur liberté intérieure ».

Lors de sa relégation forcée par les autorités rebelles, Mgr Emmanuel Kataliko a reçu le soutien du monde entier. Le Pape Jean-Paul II. reconnaissait la qualité de son engagement, lorsqu'au lendemain de ladite relégation, il émettait le souhait que le prélat réintègre le plus rapidement possible son Diocèse.

A ce soutien significatif se joint aussi celui des autres évêques de la R.D. Congo, à savoir son élection, quoiqu'il fût absent, en qualité de vice-président de la

Conférence Episcopale Nationale du Congo. La sympathie et le soutien qu'on retrouve dans ce signe fort, ainsi que dans les nombreux messages parvenus du monde entier pour lui exprimer la communion à sa peine, sont le signe que non seulement toute l'Église partageait ses convictions, mais lui fournissait encore une grande preuve de crédibilité pour sa personne et la lutte qu'il menait. En somme, cette relégation forcée de Mgr Emmanuel Kataliko et par la suite, les circonstances de sa mort, ont fait surgir comme en back ground une autre caractéristique propre de son engagement.

En effet, dans le concert des déclarations, messages et mémorandums du monde entier exprimant à la fois la solidarité avec sa souffrance et plus tard les condoléances à l'occasion de sa mort, on prend conscience finalement que son combat pour l'avènement de la paix dans la région des Grands Lacs est œcuménique et planétaire.

De fait, le cas « Emmanuel Kataliko » a engagé chrétiens catholiques, protestants, musulmans, kimbanguistes, athées, païens même, diplomates aussi bien que politiciens, et ses idées résonnaient enfin au cœur de l'humanité. Sa personne était conciliante envers les opinions et tendances diverses. C'est le signe que son combat pour la dignité et la promotion humaine implique tout homme et le concerne. Le mal est en fait perceptible par tous, car la valeur qu'il blesse est celle de l'homme, quelles que soient son appartenance et sa vision des choses.

C'est là une capacité de rassemblement qu'il faut redécouvrir dans le combat pour lequel Mgr Emmanuel Kataliko a pu léguer comme héritage, non pas les armes de la guerre, mais plutôt celles de la non-violence et du dialogue pour une réconciliation entre les peuples.

Durant sa relégation

On note même que durant sa relégation, il a continué à publier des messages pour ses fidèles de Bukavu et à les encourager dans le combat. On le lit dans ses propres paroles écrites en exil :

> *« Je dois l'avouer : ce temps d'éloignement de mon Archidiocèse, dont je me sens plus que jamais solidaire, et dont je sens plus que jamais la force de communion de prières, me permet de relire les exigences de ma charge pastorale, d'y discuter de nouveaux appels en cette période difficile de notre histoire. Le Christ, le premier, a payé le prix fort de son engagement pour nous. Il a été crucifié à cause de la perversité humaine qui n'a pas*

supporté la vive lumière[11] projetée, par son être et sa parole, sur le cœur de l'homme. Cela ne peut que nous entraîner, surtout quand il nous invite à mettre, comme Lui, nos mains dans les plaies de l'humanité blessée. Chercher la vérité du Christ c'est, dans ma situation actuelle, me décider à vivre, comme lui, dans l'amour, et à me battre comme Lui encore, contre la violence du péché qui divise, jusqu'à donner ma vie, s'il le faut, pour ceux que j'aime. Option téméraire sans doute, dont la radicalité ne manque pas de m'effrayer et me faire douter de ma capacité à la mettre en œuvre par ma seule force ».

Tout porte à croire que rien ne pouvait museler ni intimider ce pasteur de cette catégorie de taille de qui portait cet engagement comme une option préférentielle de sa vie pastorale et de laquelle aucune contrainte (la mort, l'argent, la perte du pouvoir …) ne pouvait le détacher ni l'arrêter. On ne peut donc ni parler de « conversion » ou de « retournement », car son combat cadrait bien avec celui que fait l'Église dans sa lutte pour la dignité de la personne humaine. Mgr Emmanuel Kataliko a su voir et identifier l'autre — même ceux qui lui ont causé ce tort — comme un frère à aimer. Cela,

---

[11] Jn 3,19

il l'a vécu courageusement en allant parler, boire et manger avec des gens qui pensaient autrement que lui, comme il le fit à Goma, et en les embrassant à Bukavu. Il l'a fait, simplement, joyeusement, sereinement et en conscience, car il était convaincu que c'est *« au prix de nos souffrances et de nos prières que nous mènerons le combat de la liberté et nous amènerons aussi nos oppresseurs à la raison et à leur liberté intérieure »*. La réconciliation qui fait la lumière, la vérité sur soi et sur l'autre, démontrait au contraire pour lui, à ce moment précis de son histoire, la condition de la liberté et de la paix intérieure.

La réflexion Katalikus

« Mgr Emmanuel Kataliko,
Un combattant au service
de la Justice et Paix ».

La voix du monde

Aide-toi, le Ciel t'aidera

Nous voulons lui rendre ici un hommage mérité en reprenant d'abord un extrait de ses réflexions sur le levier de l'émergence d'une nation. Cas échantillonné de développement dans sa contribution à l'objectif« 80 » en territoire de Beni et Lubero.

La meilleure façon de sortir du sous-développement, de la misère, est de rendre service. Le véritable service à la population consiste à susciter l'esprit de *« self-help »,* quitte cependant à aider cette population en lui fournissant ce qu'elle-même ne peut pas trouver pour assurer seule son propre développement.

Selon l'ordre prioritaire, la création des moyens de communication est à la base de tout développement, de tout progrès économique et social, culturel et spirituel : un pays ou une région sans réseau routier reste fermé, arriéré. Comment pourrait-on en effet secourir un village situé à 50, 80, 100 km, si l'on ne sait pas l'atteindre aussi rapidement que possible !

Et quand on a des routes, encore faut-il les entretenir, sans quoi on retourne à la misère d'antan, cette fois à cause de la négligence, de l'insouciance et même de la mauvaise volonté de la population et des responsables parvenus, égoïstes, non-soucieux du bien commun. En un mot, la vie économique, sociale, culturelle ne voit et ne verra le progrès que grâce aux contacts faciles et rapides avec d'autres mondes.

C'est pourquoi les populations des territoires de Beni et de Lubero ayant compris le problème, désireuses de sortir de l'isolement et du sous-développement, animées par certains « leaders » et responsables bien décidés, n'hésitent pas à se mettre au travail, au « retroussons les manches ». Elles comprennent que rien ne sert de se lamenter et d'attendre béatement et désespérément un secours quelconque qui leur viendrait du ciel. Des régions, des chefferies se réveillent ; les gens reprennent les instruments : la houe, la machette, la pioche et la pique, la bêche ou la pelle. Bien que ces instruments soient rudimentaires dans le temps moderne pour faire des travaux réalisables par des machines, mais ils ne reculent pas: le courage, la ténacité, la ferme volonté sont le stimulant pour arriver à un développement souhaité.

Lançant les travaux de l'hôpital du diocèse, témoigne la source :

« *... on aperçoit après la première messe Mgr Kataliko, en pantalon, écharpe au cou, se dirige seul vers la rivière Kimemi dans laquelle il amène sa pierre sur la tête pour le lancement de construction dudit hôpital* ».

Les fidèles stupéfaits de voir leur évêque seul dans la rue avec sa pierre commencèrent à manifestés leur attachement en disant :

« *S'il vous plaît Mgr, si nous pouvons t'aider* ».

Mais la réponse de ce dernier fut incitatrice et dure : « *Kwenda kamata yako !* »[12].

Le bon pasteur13 selon Augustin Mukamba Basubi, sx

« Si le grain de blé tombé en terre ne meurt pas, il demeure seul ; mais s'il meurt, il porte beaucoup de fruit »[14]. C'est avec cette image que nous introduisons notre réflexion sur un personnage contemporain de notre Église, dont nous avons célébré le dixième

---

[12] « *Kwenda kamata yako !* », *c'est-à-dire, va prendre la vôtre !*

[13] Cahiers du CEA, 1 (2010) 41-49 Mgr Emmanuel Kataliko (1932-2000)
[14] Jn 12, 24

anniversaire de mort le 4 Octobre dernier, témoignait le Père Augustin Mukamba dans son article.

Si nous parlons aujourd'hui de lui, c'est parce qu'il est, pour nous, ce grain de blé qui est mort et porte beaucoup de fruits. L'Église locale de Bukavu ne pourra jamais perdre la mémoire de ce grand et bon pasteur qu'elle a eu pendant de moments très difficiles de la guerre.

Notre réflexion se veut, tout simplement, une présentation du feu Mgr Emmanuel Kataliko (1932-2000) et de son engagement en tant que pasteur de l'Église locale de Bukavu. Nous présenterons d'abord brièvement le personnage, ensuite nous décrirons le contexte dans lequel il a exercé son ministère, et enfin nous parlerons de la dimension socio-ecclésiale de son épiscopat. 1 1 Cf. J.-M. V. KITUMAINI, « L'engagement socio-politique de Mgr Kataliko à Bukavu (République Démocratique du Congo) »[15],

Nous n'avons pas la prétention de faire ici une présentation exhaustive de la vie de ce pasteur. Nous ne possédons pas, pour le moment, les documents nécessaires pour nous risquer dans un tel travail ! C'est pourquoi nous préférons tout simplement dire l'essentiel de sa vie avant d'aborder d'autres sujets le concernant.

---

[15] Nouvelle Revue Théologique, t. 125 / n° 1 (janvier-mars 2003), p. 65-76. C' 42 Cahiers du CEA, 1 (2010) 2.

Emmanuel Kataliko se met au travail pour le peuple, au milieu du peuple et avec le peuple qui traversait ce moment très difficile. Comme un berger qui a souci de ses brebis, Kataliko, par rapport à la situation des guerres, déclarait dans sa lettre pastorale de l'Avent 1997 : « Et c'est toujours la pauvre population qui paie : enlèvements, tortures, massacres, guerre. D'où réfugiés et déplacés qui meurent suite aux intempéries, aux épidémies et aux exécutions sommaires… Le tissu économique et familial du pays est deltoïdien, la paupérisation de la population est aggravée, à savoir le manque de possibilité de se nourrir, de se vêtir, de se soigner, de scolariser les enfants ; déstabilisation des familles, rupture des échanges commerciaux et sociaux, soupçons et préjugés mutuels. On peut s'étonner alors de la démobilisation de tout un peuple, de la mort de l'idéal patriotique, de l'affaiblissement général ».

Conclusion, faut-il conclure notre réflexion ? : Disons qu'elle reste ouverte pour toute personne qui veut la poursuivre. Reconnaissons toutefois que le défenseur de la réconciliation, de la justice et de la paix n'est pas mort, comme nous le pensons, mais il est vivant. Il est vivant dans ceux qui diront non à des régimes qui déshumanisent et clochardisent les populations. Il est vivant dans ceux qui ne se laisseront pas manipuler par les assoiffés du pouvoir. Il est vivant dans ceux qui parleront haut et fort pour les sans voix au risque de leur vie. Il est vivant dans ceux qui oseront braver les dictateurs afin de faire régner la justice et le respect des droits humains. Il est vivant dans ceux qui refuseront la voie de la haine et de la violence et choisiront le chemin de la réconciliation et de la concorde. Il est vivant dans ceux qui rejetteront toute vengeance et tendront la main à l'ennemi afin de favoriser l'avènement d'un havre de paix. Il est vivant dans les évêques qui, face à la souffrance de leurs brebis, élèveront leurs voix pour protester contre les arrestations arbitraires, contre les traitements dégradants et inhumains.

Ainsi, le grain qu'ont semé la vie et la mort de Mgr Kataliko portera des fruits dont on reconnaîtra les effets à travers toute l'histoire des 12, Mgr E. Kataliko, Consolez, consolez mon peuple[16], L'espérance ne trompe jamais[17], Lettre de Noël, Bukavu, 24 décembre 1999, cité par J.-M. V. Kitumaini, art. cit., p. 73. A. Mukamba Basubi – Mgr Emmanuel Kataliko 49 hommes 13.

Mgr Emmanuel Kataliko était donc un pasteur courageux, un grand et ardent défenseur de la paix, de la

---

[16] Is 40,1.
[17] Rm 5,5

justice et de la vérité dans un Congo, en particulier, qu'il voulait réconcilier, et dans un monde, en général, qu'il voulait meilleur dans toutes ses dimensions. L'engagement du serviteur de Dieu n'est pas resté sans porter des fruits : pensons au choix du thème du deuxième synode africain ! C'est un choix qui a bien répondu aux attentes et aux projets de Mgr Kataliko. C'est le fruit de ce grain de blé qui est tombé en terre en date du 4 Octobre 2000 afin de porter beaucoup de fruits.

La graine de la semence à la résistance de l' l'occupation du Congo

« Nous devons parler, car le peuple souffre. Nous devons parler aux chefs d'État, il faut parler aux dirigeants. Nous devons adresser à l'Afrique un message de réconciliation et de paix ».

Mgr Emmanuel Kataliko

Rappel

Un évêque de 65 ans que le pape Jean-Paul II. a nommé pour consoler le peuple de Dieu de Bukavu de la dure épreuve survenue depuis l'assassinat du Père évêque Christophe Munzihirwa, assassiné à Bukavu, le 29 octobre 1996. Le 18 mai 1997, Mgr Emmanuel Kataliko est installé comme archevêque de Bukavu, il vient de passer 31 ans comme évêque du diocèse de Butembo-Beni.

Ce n'est pas un inconnu. Au sein de la Conférence des évêques, il est président de la commission « Justice et Paix ». On connaît son courage et son franc parler, et on sait tout ce qu'il a réalisé dans son diocèse d'origine pour le développement, la promotion humaine et spirituelle, et comment il a lutté pour que les petits paysans puissent écouler leurs productions…

Le 24 août 1998, à 100 km de Bukavu, un prêtre appelé l'Abbé Stanislas Wabulakombe et 3 religieuses des Sœurs de la Résurrection ainsi que de nombreux chrétiens massacrés par les troupes Rwandaises : il s'agissait de Massacre de Kasika sur le Nord du Territoire de Mwenga dans le Diocèse d'Uvira. L'insécurité règne partout. Les stocks de nourriture et de médicaments, abandonnés par les Organismes humanitaires internationaux, sont pillés par les militaires. La famine guette. Les voitures sont saisies. Les perquisitions sont l'occasion de vols et de pillage, dont la population fait les frais. Dans ce climat de terreur, Mgr Kataliko va encore élever la voix en s'adressant à la population :

> « [...] Face à la violence, souvent brutale et aveugle, qui déferle de tout côté, efforçons-nous de résister avec toute la force de notre foi, sans nous laisser entraîner par un égal esprit de violence. Répondre à la violence par la violence n'est jamais la vraie solution, mais plutôt une façon de se laisser dominer par le même mal qu'on voudrait combattre et éliminer".

Mgr Kataliko était très proche des gens et très engagé pour défendre les faibles et les sans-voix. Il ne craignait jamais de dire la vérité aux politiques. Leur réponse ? Une série de mesures d'intimidation: des paroisses, des monastères, des communautés religieuses, des dispensaires, des centres sociaux… sont attaqués et pillés. Officiellement c'est mis sur le dos des « rebelles ». Mais les gens ne sont pas des aveugles. Beaucoup de ces attaques sont organisées par des groupes à la solde des armées d'occupation… Sinon pourquoi, chaque fois ces attaques ont lieu, est-ce toujours à proximité d'un camp militaire, et pourquoi les militaires, appelés au secours, refusent- ils d'intervenir ? Le curé de Murhesa est gravement blessé en septembre 1999 et le curé de Kalonge est assassiné dans son presbytère. C'est dans ce climat de terreur que Mgr Kataliko va écrire sa lettre de Noël 1999[18] :

Chers Frères et Sœurs.

Noël 1999: un Noël pas comme les autres. Plus que les autres, il nous ouvre la porte de l'an 2000. Nous célébrons 2000 ans de la naissance du Fils de Dieu fait homme. Dieu se fait proche de notre humanité, il partage nos joies et nos peines et apporte le salut promis par la bouche des prophètes.

Poussé par l'Esprit, le Christ commence son ministère du salut au cours d'une année jubilaire. « L'Esprit du Seigneur est sur moi, parce qu'il m'a consacré par l'onction, pour porter la bonne nouvelle aux pauvres. Il m'a envoyé annoncer aux captifs la délivrance et aux aveugles le retour à la vue, renvoyer en liberté les opprimés, proclamé une année de grâce du Seigneur « (Lc. 4,18).

Dans la Bible, au cours de l'Année Jubilaire chaque enfant de Dieu célèbre sa vocation d'homme libre.

L'homme est appelé à collaborer avec Dieu qui le libère de toute forme de pouvoir oppressif. Tel que celui de l'esclavage de l'Egypte, de l'exil de Babylone, de l'occupation par l'Empire romain, de la cruauté d'Hérode. Il en va de même de toute autre forme d'oppressions de tous temps.

---

[18] Message de Noël 1999 aux Fidèles de Bukavu (Mgr Kataliko Emmanuel, Archevêque de Bukavu, 25.12.99)
« Consolez, consolez mon peuple » (Is 40,1)
« L'espérance ne trompe jamais » (Rm 5,5)

L'homme est appelé à collaborer avec Dieu qui le libère de l'emprise de la convoitise. Cette soif insatiable des choses matérielles, qui pousse certains hommes et certains groupes humains à accaparer de plus en plus de biens au détriment des autres. Ainsi, certains ont perdu leur maison, leur terre et leur liberté, au point d'être réduits à une condition misérable, inhumaine. Au cours de l'Année Jubilaire, Dieu nous invite à donner l'occasion a notre frère en détresse de rentrer en possession de sa maison, de sa terre et de sa liberté. En un mot, à recouvrer sa dignité (cf. Lv. 25,9).

L'homme est appelé à collaborer avec Dieu qui le libère de la servitude du péché. Ce péché est le refus de l'amour de Dieu sur soi et sur les autres, pour s'enfermer dans la recherche de soi jusqu'au mépris et même à la haine de ses frères et de Dieu. Cette façon de vivre est la racine de tout mal et de toute oppression. C'est pour cette raison que la célébration du Jubilé doit commencer par le jour du Grand Pardon (cf Lv. 25,9).

Aujourd'hui, comme par le passé, nous sommes appelés à recouvrer notre dignité d'hommes libres. Notre vie quotidienne est loin de la joie et de la liberté. Nous sommes écrasés par une oppression de domination.

Des pouvoirs étrangers, avec la collaboration de certains de nos frères congolais, organisent des guerres avec les ressources de notre pays. Ces ressources, qui devraient être utilisées pour notre développement, pour l'éducation de nos enfants, pour guérir nos malades, bref pour que nous puissions vivre d'une façon plus humaine, servent à nous tuer. Plus encore, notre pays et nous-mêmes, nous sommes devenus objet d'exploitation.

Tout ce qui a de la valeur est pillé, saccagé et amené à l'étranger ou simplement détruit. Les impôts collectés, qui devraient être investis pour le bien commun, sont détournés.

Des taxes exorbitantes n'étranglent pas seulement le grand commerce et l'industrie, mais aussi la maman qui vit de son petit commerce.

Tout cet argent prélevé sur nous, provenant de nos productions, et déposé à la banque, est directement prélevé par une petite élite venue d'on ne sait où.

Même notre personne humaine n'échappe pas à cette exploitation oppressive: tous ceux qui travaillent dans un service public ne reçoivent pas leur salaire, malgré qu'ils apportent des richesses avec leur labeur. Cette exploitation est soutenue par une stratégie de terreur qui entretient l'insécurité. En ville, des bandes armées, souvent en tenue militaire, font irruption dans nos maisons, volent le peu de biens qui nous restent, menacent, enlèvent et même tuent nos frères.

Nos frères et sœurs, dans les campagnes, sont massacrés à grande échelle. Les victimes se comptent déjà par milliers et les rescapés, pour se sauver, sont obligés de se déplacer avec toutes les conséquences que cela comporte.

Notre Eglise institutionnelle elle-même n'est pas épargnée. Des Paroisses, des presbytères, des couvents ont été saccagés. Des Prêtres, des Religieux, des Religieuses sont frappés, torturés et même tués parce que, par leur mode de vie, ils dénoncent l'injustice flagrante dans laquelle est plongé le peuple, condamnent la guerre et prônent la réconciliation, le pardon et la non-violence.

Inutile de dire, qu'à notre connaissance, aucune enquête sérieuse n'a été menée jusqu'à présent pour chercher les coupables et les punir.

La déchéance morale a atteint un niveau si aberrant auprès de certains de nos compatriotes, qu'ils n'hésitent pas à livrer leur frère pour un billet de dix ou vingt dollars.

Chers Frères et Sœurs,

Prenons conscience de nos liens de servitude! Reconnaissons notre part de responsabilité dans la situation de péché qui nous accable! Prenons le risque du chemin de la libération sous la conduite de l'Esprit!

Notre message chrétien est un message d'espérance. C'est le message de Jésus lui-même. Lui, le Fils de Dieu, s'est fait solidaire de notre condition humaine. Né dans la pauvreté, persécuté dès le début de son existence, réfugié à l'étranger, il meurt sur la croix pour nous faire connaître l'amour de Dieu le Père. Jamais il ne s'est soustrait aux conséquences auxquelles cette solidarité l'amenait. Ainsi, face à la mort, il ne s'est pas dérobé.

Aujourd'hui, nous, son Eglise, nous ne pouvons pas trahir l'espérance que Jésus nous a apportée. Nous, ses fidèles, nous sommes appelés à continuer la mission de Jésus: annoncer la vie et la vie en abondance; résister au mal sous toutes ses formes; dénoncer tout ce qui avilit la dignité de la personne.

Nous nous engageons avec courage, avec un esprit ferme, avec une foi inébranlable, à être du côté de tous les opprimés et, si nécessaire, jusqu'au sang, comme l'ont déjà fait Mgr MUNZIHIRWA, l'Abbé Claude BUHENDWA, l'Abbé Stanislas Wabulakombe et les Sœurs de Résurrection de Kasika, l'Abbé Georges KAKUJA... et tant d'autres chrétiens.

L'Evangile nous pousse à récuser la voie des armes et de la violence pour sortir des conflits. C'est au prix de nos souffrances et de nos prières que nous mènerons le combat de la liberté, que nous amènerons également nos oppresseurs à la raison et à leur propre liberté intérieure.

Nous commémorons en ce jour la naissance de Jésus notre frère. Il nous invite à le connaître, à l'aimer et à le suivre et lui ressembler. Le Christ est né de la Vierge Marie, il nous dispose à accueillir l'incroyable nouveauté de la grâce et à proclamer sa louange avec les Anges: « Gloire à Dieu au plus haut des cieux ».

Joyeux Noël et Heureuse Année 2000 à toutes et à tous

25/12/1999

Les effets de l'héroïsme

La réaction sera l'interdiction de revenir dans son Diocèse. Parti à Kinshasa pour une réunion du Comité permanent des évêques, l'avion régulier qui le ramenait à Bukavu est forcé de l'emmener à Butembo, son Diocèse d'origine, une zone qui était alors aux mains des Ougandais. C'est l'exil.

À Bukavu, toute la population se mobilise : chrétiens de toutes confessions, musulmans, société civile…Tous se sentent concernés par cet exil de l'évêque. Une résistance s'installe, manifestations, grèves… Des banderoles, avec « Remettez-nous notre pasteur » flottent sur toutes les églises de la ville. Une pétition qui réclame son retour reçoit plus de 65 000 signatures en quelques jours. On peut aussi révéler

plusieurs déclarations issues des forces vives quant à ce,
dont voici la copie :

**COLLECTIF DES ORGANISATIONS DES JEUNES
SOLIDAIRES DU CONGO-KINSHASA
« COJESKI-RDC »**

Kinshasa, le 18 - septembre - 2000

N/Réf. : COJ-KIN/B.OP/013/00

<u>Transmis copies pour information</u> :

- Sa Sainteté le Pape Jean-Paul II à
<u>VATICAN CITY</u>.

- Son Excellence Cardinal Frédéric ETSOU
Président du Conseil Episcopal National de
la R.D.Congo à
<u>KINSHASA</u>.

<u>Objet</u> :
Nos encouragements.

A Son Excellence Monseigneur Emmanuel
KATALIKO
Archevêque de BUKAVU à
<u>BUKAVU</u>.

Monseigneur,

Sept mois après votre relégation à
BUTEMBO / NORD-KIVU, par la grâce du très haut, vous venez à peine de rejoindre les
milliers des fidèles de votre bien-aimé Diocèse de BUKAVU / SUD-KIVU. Ce retour tant
revendiqué et tant attendu n'est autre que le triomphe du bien sur le mal et la victoire
de la lumière sur les ténèbres qui couvrent toujours votre Diocèse aujourd'hui sinistré
et martyrisé par les forces Etrangères d'occupation.
Le Collectif des Organisations des Jeunes Solidaires du Congo-Kinshasa "COJESKI /
R.D.C." vous encourage à poursuivre et/ou à reprendre, la tête haute et la foi
inébranlable, vos charges pastorales, conformément à l'Evangile du Salut et aux Saintes
Ecritures.

Point n'est besoin de rappeler que l'accomplissement objectif de vos charges pastorales plusieurs années durant ; ont révélé en votre personne, un Missionnaire de la délivrance contre les servitudes, les tribulations et la persécution dont restent victimes, les cosmopolites chrétiens du KIVU / R.D.C.

La Jeunesse Congolaise vous souhaite bon retour à BUKAVU et vous garantie comme par le passé, tout son soutier dans l'exercice de vos délicates responsabilités ecclésiales, pour la Défense des intérêts vitaux et libertés fondamentales de vos fidèles, ainsi que pour le sauvetage des âmes perdues de notre Patrie qui continuent à cautionner des tragédies humaines dans votre zone pastorale.

Dans l'attente de vos nouvelles, nous vous prions d'agréer, Monseigneur, l'expression de nos sentiments patriotiques de très haute considération.

En tout dévouement.

Pour les Organisations des Jeunes de la R.D.Congo,

Le COJESKI / R.D.C.,

Fernandez MURHOLA MUHIGIRWA
Animateur National

Willy TSHITENDE WA MPINDA
Vice - Coordonnateur/National

<u>Copie conforme</u> :

- COJESKI / SOUTH-AFRICA
- COJESKI / USA
- COJESKI / EUROPE
- COJESKI / FRANCE
- COJESKI / ITALIE
- COJESKI / ALLEMAGNE
- COJESKI / ROMA

<u>BUREAU OPERATIONNEL</u> : 1ᵉʳ Niveau, Immeuble NZOINGBA, n°03 Av. du marché, croisement Boulevard du 30 juin, commune de la GOMBE
B.P. : 448 Kinshasa I / R.D.CONGO
Tél. : (00243) 810.72.85 / (00243) 12.21.922   Fax : (00243) 88.033.76 / (00243) 88.01.826
E-mail : cojeski@raga.net / cojeski_rdcongo@yahoo.com

Son retour n'aura lieu que le 14 septembre. Retour triomphal. Trois jours après il préside la célébration d'ordination de trois nouveaux prêtres, et part pour Rome afin de prendre part à la réunion du SCEAM

(Symposium des Conférences Épiscopales d'Afrique et de Madagascar). Là, il demande à ses frères évêques :

« Nous devons parler aux chefs d'État ; il faut parler aux dirigeants. Nous devons adresser à l'Afrique un message de Paix et de Réconciliation ».

C'est au soir de cette journée où il était ainsi intervenu, qu'il décède, dans la nuit du 3 au 4 octobre 2000, épuisé par ses combats et son exil.

Le prix de la résistance pour tout martyr à devenir

« 'Kifo kiliumbwa', c'est-à-dire, la mort est naturelle ».

Mgr Emmanuel Kataliko

De la mort au rapatriement

Ceux-là qui ont eu la grâce de côtoyer Son excellence Mgr Emmanuel Kataliko témoignent cette parole qui revenait régulièrement de sa bouche à chaque conversation qui touchait sur la bataille de l'injustice dans la région et de la résistance face à l'agresseur : *« Kifo kiliumbwa ! »*.

Pendant que les autres personnes de son âge sont accrochés sur la crainte de la mort dans l'avancée de l'âge en s'accrochant fortement sur le pouvoir obtenu et/ou sur les biens matériels : argent, mobiliers et consorts, lui voit tout comme vanité de vanité. Selon lui et selon ses principes, et convictions : *« Vaut mieux donner sa vie pour ses frères et sœurs ou pour sa patrie »* que de s'accrocher sur des périssables.

« Nous devons parler, car le peuple souffre. Nous devons parler aux chefs d'États, il faut parler aux dirigeants. Nous devons adresser à l'Afrique un message de réconciliation et de paix » devient ainsi une célèbre parole, ultime prise de position officielle de Mgr Emmanuel Kataliko à la veille de sa mort, et à la fois un testament précieux et la récapitulation de l'action socio-politique de toute une Eglise qui se veut être *« levain dans la pâte »* de la société congolaise plongée aujourd'hui encore dans une situation de guerre infernale et de déni de la dignité de l'homme.

Paix à son âme !

La dépouille mortelle de l'archevêque de Bukavu sera embarquée samedi 7 octobre en direction de Kampala (Ouganda) et elle devrait arriver le lendemain à Butembo (Kivu du Nord), diocèse natal et premier siège épiscopal de Mgr Kataliko, où seront célébrées les funérailles. Le 9 octobre, le cercueil de l'archevêque sera transporté à Bukavu, où il sera enterré après une messe solennelle[19].

Le collège des consulteurs du diocèse – qui a dirigé l'évêché pendant la période de déportation de l'archevêque par les rebelles du RCD-Goma – a communiqué par radio les détails de la mort de Mgr Kataliko, âgé de 68 ans, en invitant la population à garder le calme et à prier pour la perte de leur berger qui accepte de verser son sang pour l'amour de la patrie et de son troupeau.   Une messe de requiem a été célébrée en fin d'après-midi dans la cathédrale avec le concours d'un grand nombre de fidèles.   Les autorités ecclésiastiques locales usant de la sagesse de l'Eglise ont explicitement demandé aux fidèles d'éviter d'utiliser les circonstances à des fins politiques, évitant ainsi les

---

[19] apic/misna/be

débordements. Le rapatriement de la dépouille mortelle c'était fait le dimanche à Butembo.

A Kinshasa, capitale de la RDC (ex-Zaïre), les fidèles se sont rassemblés jeudi dans la cathédrale Notre Dame du Congo pour une veillée dédiée à Mgr Kataliko, qui prendra fin vendredi matin avec une messe de requiem présidée par le Vicaire général de l'archidiocèse de Kinshasa, Mgr Daniel Nlandu.

Les émotions et troubles

La mort de Mgr Emmanuel Kataliko a pu susciter des émotions et troubles sanglants dans toute la partie Est de la RD Congo en général et dans le Grand Kivu en particulier à l'instar d'un troupeau en perte de son berger en face des loups.

La mort subite de Mgr Emmanuel Kataliko dans la nuit de mercredi dans une clinique italienne suscite émotions et troubles sanglants dans l'espace ciblé par les agresseurs étrangers[20].

L'archevêque de Bukavu, déporté par les rebelles du Rassemblement Congolais Pour La Démocratie (RCD-Goma) qui combattaient pour le compte du

---

[20] Kinshasa/Bukavu, 5 octobre 2000 (APIC)

Rwanda, sera rapatrié un dimanche dans son pays natal. Mais arrivé le jeudi, la population de Bukavu s'était rendue dans les églises de toutes confessions religieuses pour commémorer l'archevêque regretté. La veille, l'annonce de sa mort a provoqué une émeute réprimée dans le sang à Bukavu.

Le mercredi matin, dès que Bukavu avait appris la disparition de Mgr Emmanuel Kataliko, son archevêque, décédé à l'hôpital de Marino, près de Rome à l'âge de 68 ans, les cloches des églises avaient sonné le glas non seulement dans la région du Grand-Kivu où la population subissait déjà l'occupation rwandaise, mais dans les restes des régions de la République Démocratique du Congo qui s'attendaient à la consommation de ces troupes des envahisseurs étrangers sans le bon vouloir, mais qui se console aussi de la bataille de ce veillant Berger Mgr Emmanuel Kataliko sur les bourreaux de la patrie. Signalons que les échos de la bataille de ce dernier transcendaient les frontières tribales et nationales, de manière que tous les congolais s'approvisionnaient de la nourriture de résistance auprès de ce dernier à en croire l'extrait de mon interview avec un Congolais patriote de la Province de l'Ancien Katanga sur la personne de Mgr Emmanuel Kataliko qui malheureusement a requis l'anonymat :

« [...] je suis Katangais, mais la résistance nationaliste de Mgr Emmanuel Kataliko profitait à toutes les régions congolaises[...] il ne se battait jamais sur la défense de sa province tribale du Nord-Kivu [...] au point d'accepter de raccourcir sa vie en se laissant couler son sang en signe d'un berger de son troupeau taillé sur modèle de Jésus-Christ le Seul Bon Berger... n'est pas arrêter de parler sur l'agression, faire couler la morale patriotique de n'est jamais céder illégalement la terre que Dieu avait donnée par son amour à nos ancêtres, il savait que cela ne pouvait passer inaperçu, mais il s'attendait à un payement de prix de son propre sang ».

Et ce jour-là, les marchés, les écoles, les bureaux administratifs et les magasins avaient immédiatement cessé leurs activités et des milliers de personnes se sont rassemblées dans la cathédrale pour pleurer la perte de leur berger Mgr Emmanuel Kataliko, soldé d'une manifestation par des morts et des blessés, laissant derrière lui des rumeurs et des incertitudes sur sa mort dont pour certains avançaient le fait que leur archevêque avait été empoisonné, d'autres soupçonnaient les traces d'un poignard intelligent et consorts.

Signalons que dans le même temps, une manifestation de grande envergure s'était spontanément organisée dans les rues, avec pour protagonistes des jeunes gens et des étudiants. Pour beaucoup, Mgr Kataliko était *« le symbole de la résistance à l'occupation du territoire congolais par des forces étrangères »*. L'intervention de l'armée pour les disperser a entraîné des émeutes soldées par au moins deux morts et plusieurs blessés, selon l'agence d'information missionnaire MISNA à Rome.

Enfin de compte

« Un homme rempli d'imperfection, mais fidèle est plus important qu'un homme parfait, mais traître » dit-on.

De la vocation céleste au prix de la sainteté

Oui depuis sa naissance, il fut coupable quand sa mère l'a conçu, il était déjà marqué par le pêché. Seule la grâce conformément à la grande compassion divine peut effacer ses transgressions pour mériter le pardon[21].

La rigueur de fer de Mgr Emmanuel Kataliko dans sa vie pastorale et/ou épiscopale au point de couper le souffle constituait un grand défaut pour lui au point de créer des plaies dans les cœurs de plus d'une personne qui l'ont vécu.

Dans une messe présidée par Mgr Emmanuel Kataliko, les incidences démesurées de ce dernier sur les maîtres des chants ou les animateurs des chants sans partition étaient en grande partie signalées, selon les sources qui requièrent l'anonymat :

> *« [...] nous avions plusieurs fois vécu de Mgr Kataliko dans ses messes qu'il présidait, l'humiliation sur place devant nos choristes en face des fidèles ».*

Loin de-là, certaines sources anonymes témoignent également la dispute inter-communautaire entre Beni-Butembo ancienne appellation et de Butembo-Beni nouvelle appellation y inclus le choix d'emplacement du

---

[21] Ps 51, 3-8

chef-lieu de l'actuel Diocèse de Butembo-Beni pendant qu'il était passé comme Evêque, qui d'un côté avait donné l'image de préférence de sa communauté originale Nande (Yira) au rejet des autres communautés voisines de l'axe de Beni. La préférence personnelle de Butembo comme siège des institutions du Diocèse de Butembo-Beni et l'imposition de la construction du Petit séminaire dans la même zone familiale étant l'un des fils du clan Baswagha au mépris de l'axe Beni où sont concentrées les restes des communautés voisines. Non seulement ces genres des changements avaient laissé des plaies dans les cœurs de l'autre camp communautaire voisin, mais avait surtout constitué une tâche noire dans la vie épiscopale de ce dernier pour manque de sagesse et de regard équilibré vis-à-vis du camp adverse.

D'autres sources internes anonymes témoignent son indiscipline vis-à-vis de l'ordre établi dans le presbytère, cas de l'Archevêché de Bukavu. Il arrivait beaucoup de fois les enfants venaient en bloc sans rendez-vous saluer Mgr Emmanuel Kataliko au couvent parce qu'il est dit qu'il aimait à suffisance les enfants. Cette rencontre improvisée avec les enfants dans le couvent perturbait non seulement l'ordre établi, mais surtout occasionnait la destruction, la perte des certaines choses et surtout l'écrasement du climat du silence dont jouissait l'ensemble des occupants de la maison, étant donné que l'enfant reste enfant en sa qualité de l'indépendance dans ses agissements. Curieusement, malgré la discipline imposée à ses hôtes infantiles, lui, montrera à ceux dont on impose cette discipline de ne pas s'y conformer. Il fallait attendre qu'il en finisse avec eux pour que le silence et l'ordre reprennent leur place.

A l'instar de Nicodème de la bible, les militaires rebelles du Rwanda issus de RCD viennent trouver la nuit Mgr Kataliko, lui demandèrent de prêcher aux fidèles de les aimer. En réponse de ce dernier, il leur demanda une chose : *« c'est très simple de ramener vos frères Hutu au Rwanda et nos chrétiens seront convaincu que vous vous aimés chez vous ».*

Comme tout humain, Mgr Emmanuel Kataliko commettait aussi des péchés parfois visibles par tout le monde qu'on ne peut pas se permettre de tout exposé ici. Car, des sources confidentes qui requièrent l'anonymat témoignent qu'il allait régulièrement aussi chez son confesseur, ce qu'il reconnaissait ses péchés commis et qu'il lui fallait une repentance pour bien réparer avec son Dieu. C'est-à-dire, malgré ses qualités élevées, sa foi à la hauteur d'un homme de Dieu selon le cœur de Jésus Le Crucifié. Autrement-dit, malgré tous ses éloges en son encontre, il avait aussi des défauts géants qu'on ne peut jamais lui prévaloir d'être un ange immaculé et sans tâche, car : « tous ont péché et sont privés de la gloire de Dieu » avait conclu l'Apôtre Paul dans sa lettre aux Romains[22]. Comme cela est écrit : il n'y a pas de juste pas même un seul[23].

Par contre, si sa cause retient les cœurs de plus d'une personne, d'un diocèse à l'autre, d'une région à l'autre, c'est juste pour implorer le Bon Dieu d'ignorer ses péchés commis et de considérer ses qualités, sa détermination, sa foi et son sang versé comme sa seule offrande pour le salut de tous ses bien-aimés qu'il s'est sacrifié gratuitement pour eux à l'instar de son Fils Jésus.

Nous avons foi en Jésus-Christ un Dieu qui transformera la pauvre âme de Mgr Emmanuel Kataliko en l'image de son âme glorieuse.

Le goût de sacrifice suprême

Il était un jour, pendant la prise de la ville de Bukavu par les troupes des agresseurs Rwandais issues de la RCD, que ces dernières décidèrent de forcer l'entrée de l'archevêché pour trouver Mgr Emmanuel

---

[22] Romain 3, 23
[23] Romain 3, 10

Kataliko, l'Archevêque de Bukavu. Elles lui proposèrent obligeamment de leur donner les clefs des portes et coffre-fort de l'Economat. Parce ce que Mgr Emmanuel Kataliko savait déjà qu'on cherchait un bouc émissaire pour lui ôter la vie, à l'instar de Jésus en face des grands-prêtres, sans tergiverser, il exauça leur demande par une formule synthétique. Il leur supplia de quitter le couvent et de le suivre à pied. Ensemble, ils cheminèrent vers le lieu où les troupes s'attendaient à être servies comme souhaité, mais hélas ! Ce dernier les conduisit vers la tombe de Mgr Christophe Munzihirwa. Sitôt y arrivé, il leur dit, en simple phrase claire et précise: *« les trousseaux des clefs de l'Economat sont entre les mains de celui qui se repose ici »*. Il pointa, des doigts, la tombe de Mgr Munzihirwa comme réponse simplifiée à leur demande. En d'autres termes, Mgr Emmanuel Kataliko voulait dire sous une autre langue que : *« je serai prêt à n'importe quel moment, d'être enterré aussi ici où repose mon confrère pour cette cause »*.

Un témoin oculaire[24] qui a vécu l'arrivée de Mgr Charles Mbogha pour succéder à feu Mgr Emmanuel Kataliko le premier jour de son entrée dans la concession paroissiale de la Cathédrale de Bukavu, relate le moment de visite de Mgr Charles Mbogha sur

---

[24] Témoin qui requit l'anonymat

la tombe de ses deux confrères Evêques tués et reposés près de la Cathédrale, à savoir Mgr Emmanuel Kataliko et Mgr Christophe Munzihirwa :

> *« [...] le premier jour de l'arrivée de Mgr Charles Mbogha dans le presbytère de la Cathédrale de Bukavu, juste après quelques heures de respiration, je l'ai vu demander où repose le corps de ses deux confrères et aînés tués ...on le conduisit vers le lieu [...] sitôt arrivé, non seulement il s' agenouilla devant leurs tombes, mais il y plaça sa tête et ses mains [...] le temps qu'il a fini sa méditation, il revint et parla à ceux-là avec qui il y était allé en ce terme : Ils m'ont tout dit, ça ne me sera pas facile ! ».*

L'extrait de ce genre de conversation spirituelle discrète avec   Mgr Emmanuel Kataliko est une révélation secrète très éloquente qui témoigne l'emprisonnement de ce dernier, qu'il vit toujours dans l'amour de Dieu, mais qui attend l'acceptation de l'Eglise, pour continuer sa bataille de la justice et de la paix dans la région sous forme d'intercesseur libre et à intercéder pour ceux-là qui ont soif de la réponse de Dieu à leurs préoccupations.

En voyant les conditions mystérieuses que Mgr Emmanuel Kataliko a vécues depuis sa naissance, de par les significations de ces deux noms, sa vie épiscopale et de son crédo qu'il préférait mourir pour la cause de la justice et de la paix, c'est une louange à Dieu qu'il lui a donné ce que son cœur désirait et il n'a pas refusé ce que ses lèvres demandaient. Oui, il est venu à lui, chargé de bénédiction de sa grâce, il a mis sur sa tête une couronne d'or pur. Il lui demandait la vie, il la lui a donnée, **il prolonge ses jours pour toujours** et à perpétuité. Sa gloire est grande à cause de son secours, il place sur lui éclat et splendeur. Il fait de lui **pour toujours une source de bénédictions**, il lui comble de joie par sa présence[25].

Prier tous les jours, c'est très bien, mais ça ne fait pas de quelqu'un un saint. Avoir aussi un passé sans défaut, c'est bien également, mais ça ne fait pas de quelqu'un un saint.

La sainteté, c'est un prix qui ne se mesure pas sur le nombre des prières récitées par jour ni sur le nombre des péchés commis ou évités comme certains croient. Elle ne se mesure pas non plus sur la quantité d'argent qu'on donne à l'Eglise ou par le respect de certaines règles. En fait, la sainteté ne se mesure pas en regardant seulement la personne en elle-même.

____

[25] Ps 21, 4-7

Par contre, elle se mesure en regardant les rapports qu'elle entretient avec les personnes qui l'entourent. C'est bien-là que se joue la sainteté avant la confirmation de l'Eglise à travers le Saint-Esprit. On sait que la personne est vraiment et réellement sauvée par Jésus-Christ ou saint aux yeux humains, que quand on l'identifie dans ses rapports avec les autres et surtout ceux qui ne sont pas seulement les siens : la paix, l'harmonie, la joie, l'inclusion et/ou le non-tribalisme et consorts.

C'est la raison pour laquelle Saint Paul courait vers le but pour obtenir le prix de la vocation céleste de Dieu en Jésus-Christ.

Conclusion partielle

Que pouvons-nous tirer de la bataille et de réflexion de Mgr Emmanuel Kataliko? Tout engagement socio-politique vise un combat contre les « structures de péché », gardant l'œil ouvert sur les misères et le spectacle de la douleur, afin d'entrevoir des horizons de joie et d'espérance pour le peuple.

S'impliquer dans une action d'une telle envergure, reste pour nos pasteurs la voie pour maintenir l'espérance des peuples, mais elle comporte indéniablement sa part de souffrance et de persécution. Mgr Emmanuel Kataliko a gagné ce combat en se substituant en martyr de la justice et de la paix dans sa forme particulière de résistance à l'occupation dans l'Est de la R.D. Congo qu'il a fallu le temps pour tout reconnaître. Autrement dit, chaque fois que tu veux connaître le fond d'une chose, confiez-la au temps, disait Sénèque.   Sa mort constitue pour nous une semence qui certainement porte aujourd'hui des fruits de résistance patriotique vis-à-vis de l'agresseur, un véritable fruit dans le champ de l'engagement socio-politique de toute Église qui veut lui emboîter le pas et de tous patriotes amoureux de sa patrie à protéger jalousement la terre de ses ancêtres acquises par l'amour de Dieu.

Sa mort à Rome le 4 octobre 2000, — fête d'un autre amoureux de la paix —, loin de la visée de ses bourreaux qui pensaient diminuer l'élan des chrétiens de l'Eglise du Congo dans la recherche de la paix et qui ensuite pensaient étouffer le feu patriotique dans les esprits des citoyens congolais se voient travailler en vain, car ces chrétiens étouffés y voient plutôt le chemin de la résurrection et de la guerre conquise sur la Paix et la Justice.

Inspiré par le psalmiste David qui se pose une question, en même temps, il donne sa réponse sur la question de sainteté en ces termes :

> *« Eternel qui séjournera dans ta tente ? Qui demeurera sur ta montagne sainte ? Celui qui marche dans l'intégrité, pratique la justice et dit ce qu'il pense vraiment. Il ne calomnie pas avec sa langue, il ne fait pas de mal à son semblable et il ne rejette pas le déshonneur sur son prochain. Il regarde avec répulsion l'homme au comportement méprisable, mais il honore ceux qui craignent l'Eternel. Il ne rétracte pas, s'il fait un serment à son préjudice. Il n'exige pas d'intérêt de son argent, et il n'accepte pas de don contre l'innocent. Celui qui se conduit ainsi ne sera jamais ébranlé »*[26].

Cette réponse davidique sur la question de sainteté est encore soutenue par la deuxième lettre de Saint Pierre qui dit que :

> *« Frères, redoublez d'efforts pour confirmer l'appel et le choix dont vous avez bénéficié ; en agissant ainsi, vous ne risquez pas de tomber. C'est ainsi que vous sera généreusement accordée*

---

l'entrée dans le Royaume Eternel de notre Seigneur et Sauveur Jésus Christ [27] ».

Et enfin, la lettre de Saint Paul Apôtre aux Romains qui dit aussi :

« Aucune parole mauvaise ne doit sortir de votre bouche ; mais, s'il y en a besoin, dites une parole bonne et constructive, bienveillante pour ceux qui vous écoutent. En vue du jour de votre délivrance, vous avez reçu en vous la marque du Saint-Esprit de Dieu, ne le contristez pas. Faites disparaître de votre vie tout ce qui est amertume, emportement de voix ou insultes, ainsi que toute espèce de méchanceté. Soyez entre vous pleins de générosité et de tendresse. Pardonnez-vous les uns aux autres, comme Dieu vous a pardonné dans le Christ ».

Conclusion finale

« Qui demeure dans l'amour ne craindra pas au jour du jugement. Celui qui va selon la justice et parle avec droiture, qui méprise un gain frauduleux, détourne sa main d'un profit malhonnête, qui ferme son oreille aux propos sanguinaires et baisse les yeux pour ne pas

---

[27] 2P1, 10-11

voir le mal, celui-là habitera les hauteurs hors d'atteinte, à l'abri des rochers[28] », dit le Seigneur.

Et donc, quiconque conclut que Mgr Emmanuel Kataliko aurait vécu aux yeux humains un sacerdoce de sainteté vivant et a fini sa bataille avec succès comme icône de la résistance à l'occupation et martyr de la justice et de la paix, qu'il est vivant sur les côtes de son Maître à penser et à agir « Jésus-Christ » n'a pas totalement tort[29]. Car, la confirmation du Seigneur à ce genre de sujet est claire: *là où je suis, vous serez aussi avec moi !*

Dire que la vie épiscopale de Mgr Emmanuel Kataliko n'a pas justifié la demande du Seigneur à l'Eglise où Il demande que celle-ci soit le lieu où l'Evangile doit être annoncé en contradiction avec l'esprit du monde et que son serviteur n'a pas eu de foi et a pu déserter sans témoigner de Lui devant les hommes en rejetant de prendre appui sur sa parole, alors serait une affirmation insolite.

Toute la vie de ce Martyr Mgr Emmanuel Kataliko est un livre humainement saint emprisonné à découvrir et à apprendre pour une âme en quête d'accroître sa foi chrétienne et sa dimension nationaliste escomptée dans ce monde déchiré des multiples

---

[28] Is 33 (AT 22 le Saigneur, juste juge)
[29] Convictions personnelles de l'auteur

complots et guerres injustes.   Si Son Grand Maître Jésus-Christ s'appelle Emmanuel, c'est-à-dire « Dieu parmi les hommes » appelé à mourir et à être enterrer, alors qu'il me soit aussi permis de conclure que Mgr Emmanuel Kataliko fut aussi un berger taillé sur modèle de son Maître Jésus-Christ au milieu de son peuple appelé aussi comme indique ces deux noms à mourir et à être enterré pour la cause de la Justice et de la Paix. Malgré tout, la qualification de la sainteté revient seule à Dieu parce que pécheur comme tout commun des mortels, mais tout de même, les témoignages appartiennent aux hommes qui ont vécu l'amour de ce dernier.

J'exhorte donc, de ne plus le citer dans les messes organisées en sa mémoire en simple prélat mort simplement pendant la guerre comme il est d'habitude dans certains coins diocésains qu'il a pu diriger, mais à l'Eglise locale du Congo de parfaire avec pompe la commémoration de la date de la mort de ce dernier en une journée de solennité pour le repos éternel de cette âme qui s'est offerte gratuitement pour la paix et la justice signe de reconnaissance dont les Congolais, des croyances confondues, aspirent toujours à son intercession auprès de Dieu dans l'espoir qu'un jour l'Eglise le proclame Bienheureux.

Aux différentes organisations inspirées par le charisme exceptionnel de ce prélat qui fait l'histoire du pays et de l'Eglise de créer et de multiplier des activités culturelles, des émissions, des conférences et des chants pour garder vivant l'esprit de ce vrai symbole et martyr de résistance à l'occupation de l'Est de la RD Congo. Ce n'est qu'à ce prix que nous réussirons à l'honorer et à exciter son esprit à continuer son combat de libération du pays auprès de son Maître Jésus-Christ dont il s'est servi de modèle d'un bon berger de son troupeau au milieu des loups jusqu'à donner sa vie en sacrifice.

Dieu qui ne cesses de créer l'univers, et qui as voulu associer l'homme à ton ouvrage, regarde le travail que ton pauvre serviteur Mgr Emmanuel Kataliko qui s'est permis de combattre l'injustice à ceux dont il avait la charge et promouvoir la paix des âmes qui espéraient à l'avènement de ton royaume.

Mtumishi[30]

1. Hapa duniani, ukipenda kupigania
   watu waishi na heri, utachukiwa.
   Hapa duniani ukipenda kupigania
   uhaki utimilizwe, utachukuliwa.

   MTUMISHI HAWEZI KUMPITA BWANA WAKE
   KAMA   BWANA   YESU   ALISULUBIWA
   MSALABANI
   USISHANGAE   KUONA   KAMA   NAWE
   UNATESWA KWA AJILI YAKE, ASEMA BWANA

2. Hapa duniani, ukipenda kupigania
   upole kati ya watu utachukiwa
   hapa duniani, ukipenda kuwakinga
   wazaifu na wanyonge, utachukiwa
3. Hapa duniani ukipenda kupigania
   Maskini wainuke utachukiwa
   Hapa duniani ukipenda kuwakinga
   Wazaifu na wanyonge, utachukiwa
4. Hapa duniani ukipenda umoja

---

[30] Abbé Matandiko Dieudonné :
Chanson tirée du répertoire audio-visuel des Filles de St Paul, Kinshasa

ili watu wasaidiane, utachukiwa
Hapa duniani, ukipenda kupigania
maendeleo kamili, utachukiwa
5. Hapa duniani ukipigania Mungu
Atawale nyoyo za watu, utachukiwa
Hapa duniani, ukitumika na juhudi tele
na kushurulikia mema, utachukiwa

Paroles :

Kweli Bwana Yesu, Baba Mungu alikutuma hapa
duniani, ulifika kwa kuweza kutuokoa, kututosha
katika zambi.

Tuungane, tusaidiane na tusikilizane ndugu, japo
kama ametufindisha neno lile, umetenda miujiza
mbalimbali.

Kweli ume ponyesha wagonjwa wa kila mtindo, hata
wafu wetu umewafufua na mikate umetugawanyizia.

Juu ya ugumu wa mioyo yetu, sisi binadamu
tumekuua Bwana, tumekutia msalabani kama vile
mwuwaji mwengine. Na nihivyo, kila amfwataye
Kristu, atateswa.

Table des matières

Bibliographie

Ouvrages et articles

La Bible, alliance biblique universelle, France 1990

Cahiers du CEA, 1 (2010) 41-49 Mgr Emmanuel Kataliko (1932-2000)

Liens électroniques

www.cath.ch.newsf.congo-la-m.

https://shs.cairn.info/revue-nouvelle-revue-theologique-2003-1page-65?lang=fr

apic/misna/bia/fides/be/fm

afrique.xaverien.org

fr.scribd.com

larepublica.cd

Médias

Agence de presse internationale catholique (APIC)

Nicaire Kibel'Bel Oka, Journal, Les Coulisses, no. 118, Janvier 2003, p.1.

Source orale

Madame Biwaga, bibliothécaire de la catéchèse de Nyakasanza, interview du 18/03/2003 à Bunia.

Paluku Mumbere, ressortissant de Butembo (village natal de Kataliko), interview du 24/03/2003 à Bunia.

Migo Tabende Léopold, ressortissant de Bukavu, interview du 30/03/2003 à Bunia.

Toutes les 3 personnes sont citées dans l'article 2003, Recherche de Birizene Mutshindi Innocent, étudiant en théologie

Le Dieu miséricordieux à fait grâce à son Eglise locale du Congo-Kinshasa en lui offrant un bon berger selon le cœur de son Fils Jésus-Christ, Mgr Emmanuel Kataliko, Martyr de la résistance à l'occupation de l'Est du pays et défenseur de la Justice et Paix dans la région des Grands Lacs Africains en tribulation.

Plein d'amour et de compensions, n'a pas choisi la peur de la mort par la voie de silence vis-à-vis de l'injustice, mais il a fait le choix de donner sa vie en sacrifice suprême à ses biens aimés.

Le sacrifice suprême de Mgr Emmanuel Kataliko reste très éloquent dans l'histoire de la région des Grands Lacs Africains qui pullule des conflits et des guerres injustes, offrant une éducation suffisante en matière d'activisme taillé sur modèle de Jésus-Christ le Seul Bon Berger.

Toute la vie de ce dernier, révèle un saint emprisonné à découvrir et à apprendre pour une âme en quête d'accroître sa foi chrétienne et sa dimension nationaliste escomptée.

Cet ouvrage est construit pour emplifier les débats locaux, nationaux et internationaux sur le passé de Mgr Emmanuel Kataliko que désormais toutes les générations puissent en parler et s'en servir comme modèle de la foi et d'activisme.

Amani Mupenda Mubigalo né en 1975 à Kamituga (Sud-Kivu, RD Congo). Artiste Chercheur-autodidacte, auteur d'un répertoire international des livres culturels. Il consacre les bénéfices de ces livres vendus au soutien d'œuvres humanitaires via l'organisme *« Enfants en danger »* depuis le début de sa carrière de plume.

Printed by Books on Demand GmbH, Norderstedt / Germany